INVENTAIRE
e24.053

Haudard

Chansons Patriotiques

1830

9141

CHANSONS

PATRIOTIQUES.

CHANSONS

PATRIOTIQUES;

PAR

E. A. HAUDARD.

PARIS,

LANDOIS ET BIGOT, LIBRAIRES,

Successeurs de P. Dupont,

RUE DU BOULOI, N. 10.

—

1830.

Dédié au Peuple.

On nous saura peut-être quelque gré de publier ces chansons, pour ainsi dire improvisées au moment où un pouvoir oppresseur sapait la base de nos libertés. Le courage et le patriotisme du peuple français, en assurant notre indépendance, nous a ouvert les portes de la publicité ; nons en profitons pour lui dédier ce recueil comme un témoignage de notre reconnaissance.

CHANSONS.

PRÉFACE.

AIR : *V'là c'que c'est qu'd'avoir du cœur :*

Il faudra pour fair' des couplets
Bientôt se munir de brevets !
Le moindre vers paraît-il louche,
    L'auteur s'effarouche,
      Il touche
      Et retouche,
Et sa main, lorsqu'il craint les fers,
Consent à mutiler ses vers.

On donnera l'ordre aux préfets
De nous désigner des sujets.
On ne peut plus, même en province
    Chansonner le prince,
    Sinon l'on vous pince ;
Car sous ce règne si vanté
On redoute la vérité.

Aux chansonniers qui pensent bien
Cependant on laisse un moyen ;
C'est d'prôner que c'princ' débonnaire
    Nous gouverne en père,
      Qu'son règne est prospère,
Qu'il est le protégé des cieux.
A c'prix on fermera les yeux !

On condamn'rait jusqu'aux rébus,
S'ils signalaient certains abus.
Os'rait-on peindre un fils d'Ignace,
    Un gueux en besace,
    Puis z'un cor de chasse,
Sans craindre d'être incriminé,
Et l'instant d'après condamné.

En r'vanch' on peut brailler, je croi,
Cent fois par jour vive le roi !
Mais si l'on ose dir' vive la charte,
    D'son devoir on s'écarte.
    On vous d'mand' vot' carte,
Puis des gendarmes furieux
Vous traitent de séditieux.

Je veux, libre sous mes hâillons,
Malgré les fers et les bâillons,
Malgré le gendarme et le sbire,
    Exerçant ma lyre,

Censurer et rire ;
Et critiquer dans mes couplets
Princes, ministres et valets.

APPEL A L'HONNEUR NATIONAL.

Air: *A soixante ans il ne faut pas*, etc.

26 JUILLET 1830.

L'air s'obscurcit, je vois pâlir l'aurore
Qui promettait un jour tranquille et pur,
L'astre divin se rembrunit encore,
Du ciel enfin je ne vois plus l'azur ! (*bis.*)
Notre horizon, trop sujet à l'orage,
Menace encor d'ébranler l'univers. (*bis.*)
Français, songez à sortir d'esclavage,
Vous n'êtes point nés pour porter des fers.

N'avez-vous pas affronté vingt tempêtes,
Et de dix rois bravé l'affreux courroux ?
N'allez-vous pas aux combats comme aux fêtes ?
Ah ! soyez donc au moins libres chez vous. (*bis.*).
Si du soldat que toujours on outrage
On doit punir les triomphes divers,
Français, songez etc.

Trop occupés de fixer la victoire,

Vous fites peu pour votre liberté.
On vous poussait, en vous parlant de gloire,
Sur le chemin de la captivité.
Ah! s'il se peut, redoublez de courage,
Vous dont le nom a rempli l'univers.
Français, soyez etc.

Du vieux drapeau que tant de gloire honore
Conservez bien les magiques couleurs ;
Et qu'aux tyrans, qu'il épouvante encore,
Il semble dire je brave vos fureurs.
De votre honneur il est le noble gage,
Conservez-le, même au sein des revers.
Français, soyez etc.

Si l'on osait vous imposer un maître,
N'acceptez rien surtout de l'étranger ;
Avec de l'or on peut gagner un traître ;
D'un vieil affront on pourrait se venger.
On vous tiendra peut-être ce langage,
« Les Bourbons seuls doivent vous être chers. »
Français, songez, etc.

DAIGNEZ VOUS VENGER.

Air : *Passez vot' chemin, beau sire.*

26 juillet 1830.

Vous qu'on admirait naguère,
On vous traite avec mépris,
Resterez-vous sourds aux cris
Que pousse aujourd'hui votre mère ?
  Au seul bruit de vos exploits
  L'Europe était consternée ;
  Et maintenant sous vos toits
  Votre ardeur est enchaînée.
Puisqu'on veut vous outrager,
Fiers enfans de la victoire !
    De la victoire.
Ah ! par pitié pour la gloire,
    Pour la gloire,
  Daignez vous venger.
Ah ! par pitié pour la gloire,
  Daignez vous venger,
  Daignez vous venger.

Vous, qui braviez la tempête
Sans avoir le moindre effroi ;
Sous un fantôme de roi,

Quoi ! vous osez courber la tête !...
On vous accable d'impôts,
Le commerce est en souffrance,
Et de vous rendre dévots
On conserve l'espérance !
Vous souffrez qu'un étranger
Souille votre territoire,
 Votre territoire !
Ah ! par pitié, etc.

Vos nombreuses cicatrices,
Honorables vétérans,
Sont aux yeux de nos tyrans
Le prix de honteux services !
Voulant outrager l'honneur,
Votre croix est accordée
Aux brigands dont la fureur
Ensanglanta la Vendée.
Sans douleur peut-on songer
Que l'on fait mentir l'histoire !
 Mentir l'histoire.
Ah ! par pitié, etc.

Autour de vous l'airain gronde ;
Ah ! daignez vous réveiller :
Devrait-on voir sommeiller
Le premier peuple du monde !
D'un glorieux souvenir

Si votre ame est encore fière,
Songez à votre avenir,
Reprenez votre bannière.
On ne peut trop s'affliger
Des désastres de la Loire !
  De la Loire.
Ah ! par pitié, etc.

Tous les peuples de la terre
Admirèrent vos exploits ;
L'univers suivit vos lois,
Et redouta votre tonnerre.
Reprenez le nom de grand ;
Et que l'Europe, surprise,
Redise en vous revoyant :
Vais-je encor être conquise ?
L'honneur doit vous engager
A ressaisir la victoire,
  La victoire.
Ah ! par pitié pour la gloire,
  Pour la gloire,
 Daignez vous venger.
Ah ! par pitié pour la gloire,
 Daignez vous venger. (*bis.*)

RIEN N'EST PERDU.

Air : *Tout est perdu.*

Réfléchissant aux maux de ma patrie,
Au rang si beau dont on la fit déchoir,
Mon ame un jour, justement attendrie,
S'abandonnait au sombre désespoir.
Tout est perdu, dis-je, en versant des larmes
Sur la poussière où j'étais étendu.
Non, dit un preux!... il nous reste des armes,
  Rien n'est perdu !

Où sont passés ces héros indomptables?
L'affreuse mort vient de les moissonner !
Leurs bras vaillans, si long-temps redoutables,
Ont vainement voulu la détourner.
Guerriers fameux, que la patrie honore,
Et dont le sang vient d'être répandu,
Sur vos enfans on peut compter encore,
  Rien n'est perdu !

Et vous cités si brillantes naguère,
Vous n'offrez plus que de tristes débris,
Disais-je encor en maudissant la guerre
Qui désola mon malheureux pays ;

Lorsqu'une voix consolante et chérie
Rendit l'espoir à mon cœur éperdu :
« Puisque des arts la France est la patrie,
  Rien n'est perdu !

Dans nos Musées pillés par des barbares,
Je ne voyais que des débris épars,
Et ces chefs-d'œuvre si précieux, si rares,
Ne venaient plus y frapper mes regards.
A cet aspect mes entrailles frémirent,
Je murmurais et je fus entendu !
On me cria : Gros et Vernet respirent,
  Rien n'est perdu !

Arc éclatant doté par la victoire,
Disais-je encor en traversant Paris,
De nos malheurs tu retraces l'histoire,
On te traita soudain avec mépris.
Pour tant d'affronts la vengeance est permise,
Me dit un preux qui m'avait entendu,
Nous connaissons le chemin de Venise,
  Rien n'est perdu !

Sur le Palais où flotta la bannière,
Qui fit vingt ans triompher le Français.
Sans le vouloir je tournai la paupière
Et je ne vis qu'un drapeau que je hais.
Je m'affligeais lorsqu'un écho sonore,
Me dit, l'espoir à ton cœur est rendu !

Tu reverras le drapeau tricolore (1),
 Rien n'est perdu !

Puis, sur le trône où naguère un grand homme,
Faisait trembler les rois, les nations ;
Je ne voyais d'un roi que le fantôme,
Qu'on nous rendit après vingt factions !
Dans le tombeau, ton sauveur et ton père,
O ma patrie, est, hélas ! descendu,
Philippe est là, me cria-t-on, espère (2),
 Rien n'est perdu.

PLUS DE TYRANS.

LE 29 JUILLET 1830.

Air : *L'aurore annonce un jour serein.*

Quel bruit retentit dans les airs ?
Un cri de paix devient un cri de guerre (3) ;
 Tremblez, méchans, tremblez, pervers,
 Qui voulez nous donner des fers.
 Du premier peuple de la terre

---

(1) Cette prédiction s'est enfin réalisée.
(2) Le lieutenant-général du royaume, en acceptant la couronne du peuple français, a juré de maintenir et défendre ses libertés.
(3) Le cri de vive la charte.

Vous usurpez en vain l'autorité ;
La Charte doit être une vérité,
Plus de tyrans, vive la liberté !... } *bis.*

L'airain tonne de toutes parts,
Déjà la foudre a moissonné des braves ;
Epoux, femmes, enfans, vieillards,
Ont de leur sang teint nos remparts !
Plus on leur oppose d'entraves,
Plus nos héros ont d'intrépidité :
Leur cri de guerre est partout répété, } *bis.*
Plus de tyrans, vive la liberté !

Quel tableau vient frapper les yeux,
Ici le fils combat contre son père ;
Là, c'est un jeune audacieux
Qui répand un sang précieux ;
Le frère sous le fer d'un frère
Tombe, accusant d'un roi la cruauté.
Son dernier vœu doit être respecté,
Plus de tyrans, vive la liberté !

Jours de tristesse, jours de deuil,
Où le soleil éclaira tant de crimes,
Où Paris vit avec orgueil
Ses enfans descendre au cercueil !
Jours où tant d'illustres victimes
Ont, en mourant avec célébrité,
Fait retentir dans la grande cité :

Plus de tyrans, vive la liberté !

 De l'étranger, toi qui deux fois
Fus mendier la coupable assistance,
 O toi, qui fus parjure aux lois,
 Et le plus criminel des rois,
 Tu n'as plus de droits sur la France ;
Elle ne te doit plus fidélité,
Le peuple est las de la captivité.
Plus de tyrans, vive la liberté !

 Reprends le nom de souverain,
Peuple français, c'est ton brevet de gloire.
 Et si quelque jour vers le Rhin
 Il fallait affronter l'airain,
 Ce grand nom, fixant la victoire,
Te conduirait à l'immortalité,
Et ferait dire à la postérité :
Plus de tyrans, vive la liberté !

LA BASCULE,

OU CE QU'ILS FURENT ET CE QU'ILS SONT.

AIR : *Ma mère m'a donné un mari.*

MARS 1830.

On vous punit, petits Français,
  Quel déboire
  Pour votre gloire.
On vous punit, petits Français,
De vos vingt années de succès.

Osez-vous parler de combats,
  De murailles,
  De batailles!
Osez-vous parler de combats
Où les Vendéens n'étaient pas.

Monter n'est pas tout ce qu'il faut,
  A descendre,
  Il faut s'attendre,
Monter n'est pas tout ce qu'il faut,
Il faut pouvoir rester en haut.

Pourquoi donc vouloir parcourir
  Une route

Sans voir goutte.
Pourquoi donc vouloir parcourir
Une route pour y mourir.

Chez vous on compte peuple, franc,
  Bien moins d'hommes
   Que d'atômes !
Chez vous on compte, peuple franc,
Cinquante petits contre un grand.

Au doux nom de la liberté,
  Votre foudre
  Mit tout en poudre,
Au doux nom de la liberté
Vous combattiez la royauté.

Ainsi que vingt peuples divers,
  A qui naguère
  Vous fîtes la guerre ;
Ainsi que vingt peuples divers
Vous portez aujourd'hui des fers.

On vous punit, petits Français,
  Quel déboire,
  Pour votre gloire,
On vous punit, petits Français
De vos vingt années de succès.

J'AVISERAI.

Mot prononcé par Charles X dans son conseil, au sujet de la question des conseils municipaux.

Air : *Ah ! si ma mère le savait.*

(1829.)

Sa Majesté dont on connait
L'esprit, la grace et l'éloquence,
S'exprime aussi bien qu'elle pense.
Or, voici ce qu'elle disait,
Aux conseillers du cabinet :
« Du Français je veux être l'père,
« Plus il soufrira, plus j'l'aimerai
« Et pour rendre mon règn'prospère,
« Messieurs un jour j'aviserai. (*bis*)

Sa Majesté dans le conseil,
Vaudrait bien mieux que ses ministres ;
Mais si l'on en croit quelques cuistres
Presque toujours elle a sommeil.
Puis elle dit à son réveil,
Messieurs, terminons le séance,
Demain je vous présiderai

Et pour le bonheur de la France,
Demain, demain j'aviserai.

Sa Majesté dont le savoir
Est connu dans la capitale,
Sur la question municipale
A dit un bon mot hier au soir.
Paysans, reprenez espoir,
Nous avons le meilleur des princes,
L'bien qu'on en dira je l'croirai
Depuis qu'au sujet des provinces
Ce prince a dit j'aviserai.

Sa Majesté par ses vertus
Doit briller un jour dans l'histoire,
Elle va se couvrir de gloire,
En mettant un terme aux abus.
Ses soins seront-ils superflus ?
Non, puisque l'monarque s'avise
De nous rassurer par un mot ;
Nous s'rons heureux quoiqu'on en dise,
Puisque l'espoir est notre lot !

Enfin, grace à sa Majesté,
Nous verrons dans notre patrie,
Que quelque jour notre industrie
Aura trop de fécondité.
Je tiens cela d'un député ;
Mais en attendant ce prodige,

La misère se fait sentir :
Elle dissipe le prestige.
Pourquoi s'aviser de mentir !

LE GÉNÉRAL BERTON AVANT D'ALLER A L'ÉCHAFAUD.

Air : *de Roland.*

Tes rayons, ô divin soleil,
Eclairent encor ma paupière ;
Mais dans une heure, astre vermeil,
Je ne verrai plus ta lumière.
Il faut sous le fer des bourreaux
M'apprêter à courber la tête,
Moi qui vingt ans sous les drapeaux
Bravai la foudre et la tempête !

Aux yeux de la postérité
Je n'aurai point souillé ma gloire ;
Lorsqu'on meurt pour la liberté,
On doit revivre (*bis*) dans l'histoire (*bis*).

Je voulais renverser des lis
L'étendard odieux que j'abhorre ;
Je voulais rendre à mon pays
Le noble drapeau tricolore ;

Je voulais ôter le pouvoir
Des mains d'une race flétrie ;
Ce projet faisait mon espoir,
Je voulais servir la patrie.

Aux yeux de la postérité
Je n'aurai point souillé ma gloire.
Lorsqu'on meurt pour la liberté,
On doit revivre dans l'histoire.

Français, de mon funeste sort
Vous ne m'entendrez pas me plaindre ;
Je ne redoute point la mort,
Je la recevrai sans la craindre.
Mais vous, ô juges égarés,
Qui me condamnez sans m'entendre,
Trop tard, oui, vous regretterez
Le sang que vous allez répandre.

Aux yeux de la postérité, etc.

Oh ! mes enfans, ne pleurez pas,
Ma fin n'a rien qui déshonore ;
Mais vengez un jour mon teépas,
Si mon sang vous est cher encore.
Aucune main ne souillera
La croix qui sur mon cœur repose.
Dans les cieux elle brillera
Pour orner mon apothéose.

Aux yeux de la postérité
Je n'aurai point souillé ma glorie.
Lorsqu'on meurt pour la liberté,
On doit revivre (*bis*) dans l'histoire (*bis*).

LA RACE FLÉTRIE.

Air : *de Taconnet*.

Quoi, sans rougir, Bourbons que l'on abhorre,
Osez-vous bien revenir parmi nous ?
Par des forfaits voulant régner encore,
De l'étranger vous dirigez les coups.
Vous n'avez plus aucun droit sur la France ;
Depuis long-temps vous les avez perdus.
Fuyez, Bourbons, craignez notre vengeance ;
Fuyez, vous dis-je, et ne revenez plus.

Que faisiez-vous lorsque notre courage
Fit à nos pieds tomber un jour les rois ?
Vous excitiez leur impuissante rage,
Lorsque de nous ils recevaient des lois.
Vous revenez, aidés de quelques traîtres,
Qui sans pudeur à vous se sont vendus.
Mais le Français est las d'avoir des maîtres ;
Fuyez, tyrans, et ne revenez plus.

Vous revenez, race à jamais flétrie,

Pour élever parmi nous des tombeaux !...
Vous revenez !.. et déjà la patrie
Revoit encor dresser les échafauds !
Vous revenez... souiller le blanc panache
D'un roi fameux par ses mâles vertus.
Sur des Français j'ai vu tomber la hache ;
Fuyez, bourreaux, et ne revenez plus.

Vous revenez ajouter d'autres crimes
A ceux commis par vous en d'autres temps.
N'avez-vous pas assez fait de victimes ?
Non... Nous vivons, vous n'êtes pas contens.
Vous revenez ! Et la France opulente
Voit dissiper encor ses revenus.
Vous remplissez tous les cœurs d'épouvante ;
Fuyez, fuyez, et ne revenez plus.

Notre industrie enfin si florissante
Nous fit connaître à cent peuples divers.
Vous revenez la rendre languissante,
Et c'est l'Anglais qui fournit l'univers.
Vous avez dit que la classe indigente
Devait sous vous marcher un jour pieds nus.
Elle est sans pain, et la faim la tourmente ;
Fuyez, méchans, et ne revenez plus.

LES GÉANS ET LES NAINS.

Air : *du pas redoublé de l'infanterie.*

Novembre 1829.

Depuis quarante années chez nous
   Que de métamorphoses !
Aux yeux des sages, que de fous
   Ont fait naître de choses !
     Maîtres et valets,
     Géans et poucets,
En ces temps trop célèbres,
    Jaloux du pouvoir,
    Marchaient, sans y voir,
Dans d'épaisses ténèbres.

Les géans, sujets orgueilleux,
   Fiers de leurs hautes tailles,
Traitaient les nains d'audacieux,
   De vilains, de canailles.
     Les nains, insultés
     Et fort maltraités,
    Se mirent en colère ;
     Et dans leur dépit,

Sans plus de répit,
Firent aux géans la guerre.

Devant les géans ombrageux,
Au fort de la tempête,
Les nains vexés, mais courageux,
Relevèrent la tête.
Chacun s'entêta,
Chacun s'emporta
Dans cette lutte horrible.
Lorsqu'en résultat
La foudre éclata,
L'explosion fut terrible.

Elle atteignit les plus huppés.
Dans cette catastrophe,
Géans et nains furent frappés
Sans égard pour l'étoffe.
Les grands, moins nombreux,
Et moins valeureux,
Certains de leur défaite,
Prenant dans leurs mains
Rubans, parchemins,
Battirent en retraite.

Dans ce désordre des plus grands,
Le valet devint maître ;
On avait chassé les tyrans,
Et chacun voulait l'être.

Puis, nains contre nains
En vinrent aux mains
En leur extravagance,
Lorsque de leurs rangs,
Un nain, des plus grands,
Leur imposa silence.

Des nains, ce nain fut le sauveur
Et l'appui tutélaire;
Puis, il fut bientôt le vainqueur
Des géans de la terre.
Géant à son tour,
Il commit un jour
La fatale imprudence
De dire, céans :
Je ferai géans
Tous les nains de la France.

Graces aux triomphes éclatans
Du nouveau Briarée,
On vit la race des Titans
Par lui régénérée.
Mais de l'univers
Les géans divers
Dirent à leurs esclaves :
Nains, formez vos rangs;
Vous deviendrez grands,
Si vous devenez braves.

3.

On leur promit la liberté,
  Des titres et la gloire.
  Chaque nain, de joie transporté,
  Cria tout haut : Victoire !...
    Bientôt ces vilains,
    Des pays lointains,
  Vinrent, à perdre haleine,
    Montrer un matin
    Leur affreux grouin
  Aux rives de la Seine.

Gris, cendrés, noirs, châtains et roux,
  Avec et sans panaches,
Montrèrent, en leur affreux courroux,
  Leurs malpropres moustaches.
    Des nains prussiens,
    Des nains russiens,
  Nous vîmes les casaques ;
  Puis des nains calmouks,
  Puant plus que des boucs,
  Et puis des nains cosaques.

A la suite de ces vilains
  Qui pillaient nos provinces,
Il venait encor d'autres nains
  Qui se disaient nos princes.
    Alors comme alors,
    Ils avaient des torts,

Mais ces nains légitimes
 Mirent au néant
 Notre grand géant
Et ses géans intimes.

Bien des géans furent ébahis
 Et firent la grimace ;
Mais ceux qui les avaient trahis
 Conservèrent leurs places.
  Le parti vaincu
  Fut bien convaincu
 Qu'on lui donnait des maîtres.
  Chacun murmura,
  Tout bas on jura
 De se venger des traîtres.

Ce fut alors qu'on exila
 Tant d'illustres victimes ;
Souvent même le sang coula
 Pour de prétendus crimes.
  Grace à l'étranger,
  On vit se changer,
 Pour quelques larges sommes,
  L'un de ces matins,
  Des géans en nains,
 Et des nains en grands hommes.

CHASSONS LE ROI (1).

27 JUILLET 1830.

AIR : *Du premier pas.*

Chassons le roi
Et son indigne race ;
Assez long-temps il nous a fait la loi.
Souffrirons-nous, pour conserver sa place,
Que ce tyran nous mette à la besace ?
Chassons le roi.

Chassons le roi ;
Son hypocrite face
Nous dit assez que son cœur est sans foi ;
Du protecteur des disciples d'Ignace
Osons punir la criminelle audace.
Chassons le roi.

Chassons le roi,
Par son ordre on retrace
Un souvenir de terreur et d'effroi.
D'un tel affront, Français, on nous menace ;
Pour prévenir cette insigne disgrace,
Chassons le roi.

(1) Il est ici question du roi Charles X.

Chassons le roi,
Puisqu'il aime la chasse,
Son noble cœur palpitera d'émoi.
A ce mangeur de messe et de bécasse,
Ne craignons pas de répéter en face
Chassons le roi.

Chassons le roi ;
Cet homme boniface
N'était pas fait pour un semblable emploi.
Puisqu'il n'est bon qu'à faire la grimace,
Afin qu'un autre un beau jour le remplace :
Chassons le roi.

L'EXCELLENT PRINCE

JANVIER 1830.

AIR : *Ah ! si ma mère le savait.*

Si je ne me retenais pas,
Je punirais cette canaille
Qui, tout en couchant sur la paille,
Voudrait encore avoir des draps.
Ah ! ménagez donc des ingrats !
Chacun prend pour de la faiblesse
Ce qui n'est que pure bonté.

Mais si j'écoutais la noblesse,
J'aurais bien moins d'humanité.

Si je ne me retenais pas,
Ces gueux, dans ma juste colère,
Si je ne les traitais en père,
N'auraient pas même de grabats;
De leur pardonnner je suis las.
Chacun prend, etc.

Si j'étais despote, tyran,
Verrait-on fleurir le commerce ?...
Mais à m'dénigrer on s'exerce,
On n'parle d'moi qu'en murmurant,
Oui, je suis par trop endurant.
Chacun prend, etc.

Je laisse ce peuple insolent,
Se régaler de pommes de terre,
Si j'étais un prince sévère
Il ne mangerait que du gland.
J'eus toujours un cœur excellent;
Chacun prend, etc.

Si j'étais un prince bigot,
Je ferais aller à la messe.
A vêpres et même à confesse,
Ce peuple qui me vexe trop;
Mais je suis bon et peu dévot.
Chacun prend, etc.

Si j'écoutais mes conseillers,
Dont quelques uns sont gens d'église,
Ce peuple qui me moralise
N'aurait pour abri qu'des halliers,
Bon s'ils étaient d'mancenilliers !
Chacun prend pour de la faiblesse
Ce qui n'est, etc.

Si j'écoutais maint député
Et même plus d'une excellence,
Je priverais bientôt la France
Du peu qu'elle a de liberté ;
Mais j'ai trop de paternité.
Chacun prend pour de la faiblesse
Ce qui n'est que pure bonté !
Ah ! si j'écoutais la noblesse,
J'aurais bien moins d'humanité.

CAQUETS,

OU LA ROYALE RÉSOLUTION.

Air : *R'li R'lan, tambour battant.*

27 JUILLET 1830.

Notre bon roi qu'chacun déteste,
Peut'êtr' ben avec raison,

Disait hier : « Je le proteste,
Que j'veux êtr'maîtr'en ma maison,
Des injur' j'gard' la mémoire,
J'sais qu'on fait sur moi des couplets,
   Que j'hais !...
Mais puisqu'on attaque ma gloire,
J'saurai m'venger d' tous ces caquets.

On ose dir' que dans ma jeunesse
J'étais l'plus dissolu mortel !..
Et que maint'nant dans ma vieillesse,
J'ai soin de m'rapprocher d'l'autel !..
Donc,.. on veut m'noircir dans l'histoire,
Puis, on me donn' des sobriquets
   Que j'hais...
Mais puisqu'on, etc.

Afin d'narguer la populace
Qui critique mes actions,
Aux benins disciples d'Ignace
J'accorderai des pensions.
J'n'en f'rai plus aux brigands d'la Loire,
Qui n'sont maint'nant qu'des pe'tits poucets,
   Que j'hais.
Mais puisqu'on, etc.

Chaque jour j'entends la canaille,
Dans des discours audacieux,
Du héros de mainte bataille

Vanter le nom séditieux !
J'veux d'ces favoris d'la victoire
Réprimer les cris indiscrets
   Que j'hais.
Mais puisqu'on attaque, etc.

On trouv'mauvais qu'jentend' la messe,
Même dans mon appartement.
Sur la charte on braille sans cesse,
Tout ça m'déplait souverain'ment !..
On dit, et la chose est notoire,
Que j'veux en sevrer les Français
   Que j'hais.
Mais puisqu'on attaque, etc.

Enfin ce peuple qui m'abhorre,
Se plaint que les vivres sont chers,
Patienc'il n'y est pas encore,
J'prétends l'faire jeûner dans les fers !..
M'traitant d'souverain provisoire,
Il compte sur les tours de gob'lets
   Que j'hais ;
Mais puisqu'on attaque ma gloire,
J'saurai m'venger d'tous ces caquets.

TU SOMMEILLAIS,

OU LE NOUVEAU RÉVEIL DU PEUPLE.

AIR : *Il me faut donc quitter l'empire.*

Tu sommeillais, vaillant peuple de France,
Mais les tyrans qui ne dorment jamais,
De t'enchaîner conservaient l'espérance
Ne déguisant même plus leurs projets.
Enfin parut le jour où la tempête,
Te menaça du plus affreux trépas ;
Mais tout-à-coup tu relevas la tête,
Tu sommeillais, mais tu ne dormais pas !..

Tu sommeillais lorsqu'une secte impie,
S'applaudissant de ta sécurité,
Cria tout haut : la France est assoupie,
Arrachons lui son peu de liberté.
Ce cri bientôt suivi de l'ordonnance
Qui promettait tant de grands résultats,
Fut le signal de ton indépendance :
Tu sommeillais, mais tu ne dormais pas !

Tu sommeillais lorsqu'un prince parjure,
Osa soudain méconnaître tes droits !
Chacun disait : il faut venger l'injure,

Sachons montrer comme on punit les rois.
Le châtiment suivit de près l'outrage,
On affronta le péril des combats;
Tu retrouvas ta force et ton courage,
Tu sommeillais, mais tu ne dormais pas.

Tu sommeillais, mais ce repos factice
Encourageait tes cruels ennemis;
Ils se disaient : le moment est propice,
Frappons le coup, le Français est soumis.
Tu méprisas leurs desseins et leurs haines,
Sans t'effrayer de tous leurs attentats ;
Lorsqu'il fallut enfin briser tes chaines,
Tu sommeillais, mais tu ne dormais pas.

Tu sommeillais au milieu des alarmes,
Que faisait naître un tyran furieux;
Mais au réveil tu vis Paris en armes.
Tu combattis et fus victorieux.
Ressaisissant l'invincible bannière
Qui fit trembler tant de fiers potentats,
Tu t'écrias avec la France entière :
Je sommeillais, mais je ne dormais pas.

LES LIBÉRATEURS.

A L'ARMÉE DE MORÉE.

Air : *de la bonne vieille, de Vilhem.*

Partez enfans, favoris de Bellone,
L'humanité fait entendre sa voix.
Allez, volez, la gloire vous l'ordonne ;
Du peuple grec affermissez les droit.
Le doux zéphir caresse le rivage,
Le ciel est pur, le temps est précieux ;
Pour arracher un peuple d'esclavage
Tout vous sourit, et les flots, et les cieux.

Un monstre affreux, qu'on nomme politique,
Long-temps ferma les cœurs à la pitié.
L'homme courbé sous le fer despotique
N'osait donner des pleurs à l'amitié.
Mais la raison, cette fille si sage,
De l'homme enfin a dessillé les yeux.
Allez tirer un peuple etc.

De la tribune où tonnait Démosthènes
Que reste-t-il ?... A peine un souvenir.
Athène, hélas ! n'est que l'ombre d'Athènes ;
Mais elle attend de vous son avenir.

Jadis les arts étaient son apanage,
Et ses enfans étaient des demi-dieux.
Allez etc.

De ces contrées, naguère encor si belles,
Vos yeux verront l'extrême pauvreté.
Délivrez-les du joug des infidèles,
Et rendez-leur la paix, la liberté.
Apparaissez : l'Égyptien sauvage
Sera contraint d'abandonner ces lieux.
Allez etc.

Quels chants joyeux, quels transports d'allégresse!
L'air est rempli de mille cris divers;
On vous entoure, on vous serre, on vous presse;
Chacun redit les maux qu'il a soufferts.
Vous allez donc enfin venger l'outrage
D'un ennemi cruel et furieux.
Pour arracher un peuple d'esclavage
Tout vous sourit, et les flots, et les cieux.

L'IMPOLITESSE DES VILAINS.

Air : *Je n'ai plus peur de croqu' mitaine.*

En dépit de tous mes lauriers,
Cueillis en certaine bataille,
Chaque jour par les roturiers

Je m'entends traiter d'antiquaille.
Sans respect pour mes parchemins,
Et mon palais et ma terrasse,
L'odieuse clique des vilains
Me chansonne dans ses refrains.
Quel affront pour ma noble race! (*bis*)

Notre faquin de sous-préfet,
Que je ferai chasser... peut-être,
A commis chez moi certain fait
Qu'au public il a fait connaître.
Sans respect pour mes parchemins
Dont les vers ont rongé la crasse,
Ce pédant, issu de vilains,
Traite mes filles de catins.
Quel affront pour ma noble race!

Certain petit désagrément,
Que je dois à mainte brunette,
Me fit donner dernièrement
La plus injurieuse épithète.
Sans respect pour mes parchemins,
On ose me la dire en face;
Les polissons sur les chemins
La répètent en claquant des mains.
Quel affront pour ma noble race!

Quelques valets, francs serviteurs
Bien dignes de graisser mes bottes,

Grace à moi furent électeurs;
Je pouvais compter sur leurs votes.
Sans respect pour mes parchemins
En ma présence on eut l'audace,
Au dépouillement des scrutins,
D'annuler tous leurs bulletins.
Quel affront pour ma noble race !

Un grognard, ici bien connu,
Dont je tais le nom par prudence,
Par son courage parvenu,
De moi parle avec impudence.
Sans respect pour mes parchemins,
Ma croix, mon cordon, ma cuirasse,
L'autre jour devant cent vilains
Me souffleta de ses deux mains.
Quel affront pour ma noble race !

Sous le nez de mes lévriers,
De mes laquais et de moi-même,
D'ignobles et vils roturiers
Osent chasser, même en carême.
Sans respect pour mes parchemins,
Et sans avoir le droit de chasse,
De mes garennes, ces vilains
Osent détruire les lapins.
Quel affront pour ma noble race !

Jadis ce n'était pas ainsi,

Chacun respectait ma noblesse.
Maintenant, dans ce siècle-ci,
On m'insulte et vexe sans cesse.
Sans égard pour mes parchemins,
On me traite de boniface;
Puis on dit que sur des coussins
Ma femme se livre aux vilains.
Quel affront pour ma noble race!

BUVONS UN COUP.

Air : *En attendant.*

Buvons un coup,
C'est le refrain d'usage.
Que chaque jour on répète partout :
Rien n'est plus doux que ce divin breuvage.
Pour oublier les soucis du ménage
Buvons un coup.

Buvons un coup.
Jamais d'indifférence
Pour ce nectar que l'on cite avant tout.
Puisque Bacchus comble notre espérance,
En ce beau jour en l'honneur de la France
Buvons un coup.

Buvons un coup

Au souvenir des braves
Que le destin fit périr à Moscou.
A la gaîté n'opposons point d'entraves,
Et pour calmer des souvenirs si graves,
    Buvons un coup.

    Buvons un coup
    A l'amitié fidèle,
Qui nous sourit au doux bruit du glouglou.
Le thyrse en main, répétons avec elle,
Aux gais buveurs assis sous la tonnelle,
    Buvons un coup.

    Buvons un coup,
    Dès que paraît l'aurore,
A la santé de quelque frais bijou.
Et que le soir à celle qu'on adore
Avec l'amour on puisse dire encore :
    Buvons un coup.

LA CLEF MIRACULEUSE, OU LES QUI.

Air : *C'est l'amour, l'amour, etc.*

C'est l'argent, l'argent, l'argent
    Qu'en ce monde
    On cite à la ronde.

Jeune, vieux, riche, indigent,
Chacun aime l'argent.

Qui des potentats de la terre
Fait la richesse et la splendeur ?
Qui fait la paix, qui fait la guerre,
Qui fait la peine et le bonheur ?
 Qui fait sourire l'avare
 En son obscur réduit ?
 Qui rend l'homme barbare,
 Le corrompt, le séduit,
C'est l'argent, etc.

Qui fait diviser les familles,
Qui trahit le secret des cours ?
Qui séduit la vertu des filles,
Et qui paie bien des discours ?
 Qui fit enfler la blouse
 De maints spéculateurs ?
 Qui fit à Lap......
 Trouver des electeurs ?
C'est l'argent, etc.

Qui fait en cette triste vie
A l'homme oublier son devoir ?
Et qui peut exciter l'envie
De l'intrigant au désespoir ?
 Qui fait naître l'ivresse ?
 Qui fait des mécontens ?

Qui mène à la paresse ?
Qui fait passer le temps ?
C'est l'argent, etc.

Qui fait cacher dans les ruelles
Les amans que l'amour séduit ;
Qui fait triompher des cruelles
Sans l'obscur secours de la nuit ?
 Qui fut toujours la source
 De nos plus grands malheurs,
 Et qui remplit la bourse
 De certains directeurs ?
C'est l'argent, etc.

Qui de cette chambre introuvable
Fut le ressort le plus puissant ?
Qui rendit un gascon coupable
Lorsqu'il créa le trois pour cent ?
 Qui fit perdre à l'Espagne
 Sa constitution ?
 Et finir la campagne
 Par l'inquisition ?
C'est l'argent, etc.

Qui donne la vie au commerce,
Qui cause des dissensions ;
Qui fait fleurir, soutient, renverse
États, trônes et nations ?
 Qui fit perdre la gloire

D'un guerrier sous Paris ?
Qui donna la victoire
A nos fiers ennemis ?
C'est l'argent, etc.

Si l'homme trop souvent s'égare,
Qui cause sa perte ici-bas ?
Qui de plus d'un moderne Icare
Causa la chute et l'embarras ;
 Des nos chastes actrices
 Qui gagne les faveurs ;
 Qui de ces séductrices
 Donne la clé des cœurs ?
C'est l'argent, etc.

Des Suisses, que la France honore,
 Qui paie la fidélité ;
Des émigrés qui paie encore
Le beau milliard d'indemnité ;
 Qui fit par des gendarmes
 Massacrer des Français ?
 Des Normands en alarmes
 Qui gagne les procès ?
 C'est l'argent, etc.

Qui des esclaves de la terre
Fait mouvoir les pieds et les bras ?
De l'astucieuse Angleterre
Qui cause aujourd'hui l'embarras,

Qui donne l'arrogance
A tant de sots titrés ?
Qui fait qu'on voit en France
Tant de gens décorés ?
C'est l'argent, etc.

Des avocats et des notaires,
Des procureurs et des huissiers,
De dangereux apothicaires,
Des filous et des créanciers,
    Quel est le point de mire
    De ces faiseurs de gueux ?
    Qui donc les fait sourire
    Et rend les cœurs joyeux ?
C'est l'argent, l'argent, l'argent,
Qu'en ce monde on cite à la ronde ;
Jeune, vieux, riche, indigent,
Chacun aime l'argent.

TOUT PARLE ENCOR DE LUI.

AIR : *J'ai vu la paix descendre sur la terre.*

Oui dans les cieux son ame est retournée ;
Mais ici-bas traversant l'avenir,
Son nom fameux à la terre étonnée
Rappellera plus d'un grand souvenir !

De ce héros la gloire est immortelle.
Nos descendans, malgré le temps qui fuit,
Diront un jour, ici tout le rappelle,
  Et parle encor de lui.

Si mes regards contemplent la colonne
Que l'étranger ne voit qu'en murmurant,
Je me souviens de ce fils de Bellonne,
Qui mérita le beau titre de grand.
Il n'est plus là ! Mais si la mort le glace,
Sur son tombeau si le soleil a lui,
Aux yeux surpris le bronze le retrace
  Et parle encor de lui.

Ce monument dont la France s'honore,
Dans deux mille ans à la postérité
Attestera s'il est debout encore
Que du héros le bras fut redouté.
Il a vécu.... Toi qu'il nomma la reine
Des arts divers dont il était l'appui;
Mais dans tes murs, ô cité souveraine,
  Tout parle encor de lui.

Naguère, hélas, en regardant le Louvre,
Du citadin l'œil était attristé :
Et maintenant quand sa vue le découvre,
Il est ravi de tant de majesté !
Qui termina ce palais qu'on admire?
Ce fut celui qu'on regrette aujoud'hui.

On ne saurait le contempler sans dire :
    Tout parle encor de lui.

Les monumens en attestant sa gloire
Seront détruits un jour avec le temps ;
Mais à jamais les pages de l'histoire
Proclameront ses succès éclatans !
De ces palais les superbes murailles
Doivent rentrer dans l'éternelle nuit ;
Mais on dira relisant ses batailles,
    Tout parle encor de lui.

LE TEMPS PRÉSENT,

OU TOUT VA POUR LE MIEUX.

Mars 1830.

Air : *On dit que je suis sans malice.*

On entasse, quoi qu'on en dise,
Chez nous sottise sur sottise ;
Sous nos yeux que d'abus patens
Se sont passés depuis trente ans !
Toujours de cette pauvre France
On voit accroître la souffrance ;
Et nos tyrans, d'un ton joyeux, ⎫
Disent que tout va pour le mieux. ⎬ *bis.*

De nos jours, combien d'excellences.
Ont spéculé sur nos finances !
Combien a-t-on fait d'indigens
Pour satisfaire d'autres gens.
Pour satisfaire maints caprices,
Combien a-t-on fait d'injustices !
Et nos tyrans, d'un ton joyeux,
Disent que tout va pour le mieux.

Combien de fois la capitale,
Livrée à certaine cabale,
Vit de désordres outrageans
Et de spectacles affligeans !
Combien de fois nos fiers gendarmes
Ont-ils fait répandre de larmes !
Et nos tyrans, etc.

Enfin chez nous certaine clique
Se flatte d'avoir fait la nique
A bien des français mécontens,
Et de la faire encor long-temps.
En ce bon temps de privilége,
La misère, hélas, nous assiége,
Et nos tyrans,

Mais nos malheurs auront un terme.
Le parti qui nous tient à ferme
Doit bientôt perdre le pouvoir,

Du moins conservons-en l'espoir. (1)
D'azur l'horizon se colore,
Le soleil doit briller encore ;
Si nous le voyons radieux,
Alors tout ira pour le mieux.

CONSEIL AUX BRAVES.

26 juillet 1830.

Air : *Du prince Eugène.*

Vaillans soldats, la gloire vous est chère,
Et cependant vous semblez l'oublier.
Si la patrie est toujours votre mère,
Dans le repos pourquoi donc sommeiller ?
Lorsqu'on parlait des peuples de la terre,
Ah ! c'était vous qu'on citait les premiers.
    Allons, modèles des guerriers, } *bis.*
    Ressaisissez votre tonnerre.

On vit flotter du couchant à l'aurore
Les étendards d'Arcole et de Fleurus ;
De leur éclat le monde parle encore :
Mais on se dit que sont-ils devenus ? (1)

(1) Cet espoir vient de se réaliser.
(2) Les braves enfans de Paris ont secoué la poussière qui les couvrait.

Votre courage, aux bornes de la terre,
Fit triompher vos vaillans grenadiers.
    Allons, etc.

Jusques aux plus lointains rivages
L'honneur vous fit affronter le trépas ;
    Chez les peuples les plus sauvages
    La victoire guida vos pas.
    On n'entend plus ce chant de guerre
    Qui vous valut tant de lauriers.
    Allons, etc.

Entendait-on gronder la foudre,
On se disait : Voilà ces fiers vainqueurs ;
A votre aspect tout se changeait en poudre,
Et de l'état vous fûtes les sauveurs.
Pour vous dompter, la jalouse Angleterre
Sacrifia ses revenus entiers.
    Allons, etc.

Songez, Français, à conserver vos armes ;
De votre nom l'univers est jaloux. ;
S'il revenait encor des jours d'alarmes,
Le fer pourrait servir votre courroux.
Si vous suivez cet avis salutaire,
Vous resterez maîtres dans vos foyers.
    Allons, modèles des guerriers, } *bis.*
    Ressaisissez votre tonnerre.

ALLEZ DONC, VOUS N'ALLEZ GUÈRE,

OU L'ARTICLE DU JOURNAL.

Air : *C'est un lan la, la dérirette.*

Dans un café d'la rue Basse
Près du boul'vard théâtral,
Hier en prenant ma d'mi'tasse,
J'vis ces mots sur un journal :
« Qu'attendez-vous pour bien faire,
« Vous aurait-on lié les bras ?
« Eh! allez donc, vous n'allez guère,
« Eh! allez donc, vous n'allez pas.

N'sachant c'que ça voulait dire,
J'croyais qu'c'était z'un' fiction.
Je m'dis vit' continuons d'lire,
Puis z'après j'f'rons réflexion.
J'lis : — « Vos faiseurs d'arbitraire,
Gaîment prennent leurs ébats.
Eh! allez donc, etc.

Si vous ne changez d'allure,
De vous on pourra douter.
Si vos intentions sont pures,
Rien ne doit vous arrêter.

A rester stationnaire
On doit trouver peu d'appas.
Eh! allez donc, etc.

« Tâtonneuses excellences,
« De grace, prononcez-vous ;
« D'un parti plein d'exigences
« Redouteriez-vous les coups ?
« Du précédent ministère
« Seriez-vous pris dans les lacs ?
« Eh ! allez donc, etc. ?

« Votre excessive prudence
« Trouve peu d'admirateurs ;
« Déjà la douce espérance
« Ne réchauffe plus les cœurs.
« Craindriez-vous de déplaire
« A des gens souvent ingrats ?
« Eh! allez donc, etc.

« Hommes pleins de politesse,
« Par de très jolis discours
« Aux questions qu'on vous adresse
« Vous répondez tous les jours ;
« Tâchez un peu d'en moins faire,
« Ou prononcez-les tout bas.
« Eh! allez donc, etc.

« Tels, qui craignaient vos disgraces,

« Sont maintenus directeurs ;
« Vous conservez dans leurs places
« Certains administrateurs.
« N'osant faire ni défaire,
« Vous doublez votre embarras.
« Eh ! allez, etc.

« A tant de jolies promesses
« Faites succéder les faits ;
« Veillez nos diseurs de messes ;
« Réformez quelques préfets.
« A la secte qu'on tolère
« Cessez de tendre les bras.
« Eh ! allez donc, etc. »

C'tarticl'-là me fit tant rire,
Qu' chaqu' jour, prenant mon régal,
J'ai pris l'habitud' d'lire
Tout l'zarticl's du journal ;
Contr' l'nouveau ministère
Parfois z'il pousse des z'hélas
En répétant vous n'allez guère,
Eh ! allez donc, vous n'allez pas.

LE RETOUR A LA GLOIRE.

Air : *Eugène est mort.*

1829.

Toi qui du sang de ces hordes Tartares
Fus abreuvé dans vingt combats divers,
Toi qui vainquis dix nations barbares,
Vaillant Français, recevras-tu des fers ?
Toi qui des rois punissais l'insolence,
Toi qu'on nomma le peuple souverain,
Reprends ton rang et ressaisis ta lance,
    Revole au Rhin.

Ne sont-ils plus gravés dans ta mémoire
Ces jours fameux qui firent ton orgueil ?
Eh ! n'ont-ils plus de titres à la gloire,
Ces demi-dieux qui sont dans le cercueil ?
Toi dont l'Europe admira la vaillance,
Peuple Français qu'on traite avec dédain,
Reprends ton rang et ressaisis ta lance,
    Revole au Rhin.

Pour conquérir naguères un royaume,
Il te fallut à peine quatre jours ;
Et maintenant l'ex-petit Guillaume,

Vaincus par toi, t'insulte tous les jours.
Sans murmurer tu souffres l'arrogance
De ce tyran orgueilleux et hautain,
Reprends ton rang et ressaisis ta lance
    Revole au Rhin.

Reveille-toi et relève la tête,
L'homme vieillit, même au sein du repos.
Le ciel est pur, mais demain la tempête
Pourrait combler la somme de tes maux.
Pour conserver ton peu d'indépendance
Qu'un incident peut te ravir demain,
Reprends ton rang et ressaisis ta lance,
    Revole au Rhin.

D'un jeune enfant, c'était l'ode chérie
Qu'il mariait aux sons du chalumeau,
Son jeune cœur, au nom de la patrie,
Brûla d'amour au sortir du berceau.
Rêvant un jour à ce que fut la France,
Il entendit chanter dans le lointain,
Reprends ton rang et ressaisis ta lance,
    Revole au Rhin.

D'un vieux soldat c'était la voix sonore,
Que répétaient les échos du hameau,
C'était un preux qui, pour combattre encore,
Chantait gaiment rejoignant son drapeau.
Le jeune enfant d'un ton plein d'assurance

Avec transport répéta ce refrain :
Reprends ton rang et ressaisis ta lance,
Revole au Rhin.

VOUS NE TRIOMPHEZ PAS ENCORE.

Air : *Nouveau de Dupaty*,
ou : *de la Sentinelle.*

L'humanité vient de toucher les rois,
Que des méchans rendaient inaccessibles ;
Sous leurs lambris elle a porté la voix,
Et la pitié les a rendus sensibles.
   Rougissez, lâches courtisans,
   Conseillers que le monde abhorre ;
   Valets despotes, artisans
   Des maux que nous font les tyrans,
   Vous ne triomphez pas encore,
      Pas encore.

Faquins titrés que l'intrigue éleva,
Que seriez vous sans la faveur des chambres ;
Nous vous devons les fers qu'on nous riva,
Pygmés grandis au sein des antichambres.
   Petits souffleurs de majestés
   Votre face se décolore,
   Dans vos projets déconcertés,

Destructeurs de nos libertés,
Vous ne triomphez pas encore,
Pas encore.

Le peuple roi qu'on voulut outrager
N'a point perdu son antique énergie,
Trop généreux pour vouloir se venger,
De trop de sang la terre fut rougie.
Vous comptiez sur le résultat
D'un projet qui vous déshonore,
Malgré plus d'un lâche attentat,
Et malgré tous vos coups-d'états,
Vous ne triomphez pas encore,
Pas encore.

Dans le tombeau tant d'illustres chrétiens
Dormiraient-ils sans vos conseils perfides ?
Vous qui deviez en être les soutiens,
Vous courrouciez des souverains timides
Contre ce peuple malheureux,
Que la tombe affreuse dévore,
Vainement vous formez des vœux,
Ce qu'il en reste est valeureux,
Vous ne triomphez pas encore.
Pas encore.

Un homme enfin touché de tant de maux
Voulut donner à la Grèce expirante
Le digne prix de ses nobles travaux,

Elle allait être encore indépendante ;
Canning est mort, et vous pervers,
Vous que vainement on implore
D'un peuple grand dans les revers
Vous voudriez rider des fers,
Vous ne triomphez pas encore,
Pas encore.

LE CRI FRANÇAIS.

Air : *Allons enfans de la patrie.*

Qu'entends-je ? quels chants héroïques,
Retentissent dans nos vallons ?
Aux sons des hautbois pacifiques
Succède le bruit des clairons ! *(bis)*
La muse du dieu de la guerre,
Va d'un peuple victorieux
Célébrer les faits glorieux
Chez tous les peuples de la terre.
Hommes libres, chantez à l'oreille des rois :
Tremblez !... si quelque jour vous attaquez nos droits!

Un prince rempli d'arrogance,
Aussi faible que turbulent ;
Voulut imposer à la France
Le joug de son sceptre insolent. *(bis)*

Affranchi de sa dictature ,
Le peuple, sous d'autres couleurs,
Triomphant de ses oppresseurs,
A dit en punissant l'injure :

Hommes libres, chantez, etc.

D'une nation libre et fière ,
Vous braviez le juste courroux !
Ah ! plutôt devant sa bannière ,
Tyrans , fléchissez les genoux. *(bis)*
Quoi ! dans votre aveugle furie ,
Vous menacez de nous punir ;
Nous avons juré de mourir
Pour affranchir notre patrie.

Hommes libres, chantez, etc.

Mais déjà flotte sur nos portes
L'étendard de la liberté ;
Partout nos vaillantes cohortes
Saluent ce drapeau redouté. *(bis)*
De ce signe de la victoire
Nos vétérans portaient le deuil ;
Ils vont encor avec orgueil
Parler de leur ancienne gloire.

Hommes libres, chantez à l'oreille des rois :
Tremblez !.. si quelque jour vous attaquez nos droits !

H.

L'ÉCHO DES BUTTES SAINT-CHAUMONT.

Air : *Non loin des champs affreux de la Belgique.*

La nuit couvrait la terre de ses ombres
Son voile épais s'étendait sur Paris ;
L'oiseau de mort de ses retraites sombres
Remplissait l'air de ses lugubres cris. *(bis).*
Non loin du mont où malgré leur vaillance
On vit périr de courageux enfans ;
L'écho des bois répétait en silence
De douloureux et pénibles accens.

« C'est dans ces lieux où leur sang fume encore
« Que des Français tombèrent par milliers ;
« Ce fut ici qu'un traître qu'on abhorre
« Perdit sa gloire et flétrit ses lauriers.
« C'est dans ces champs qu'on entendit redire
« Ce cri poussé par d'étrangers soldats ;
« Sous ces hauteurs chacun de nous expire
« On nous trahit Paris ne se rend pas.

« Ce fut ici que de nobles victimes,
« Après avoir fait plus d'un vain effort,
« Sans s'émouvoir, sur ces célèbres cimes
« Virent planer l'impitoyable mort.

« Dans ces bosquets plus d'un brave repose
« Sous ces lilas qui bordent ces coteaux ;
« Sur ces gazons qu'une eau limpide arrose
« Que de guerriers ont trouvé leurs tombeaux. »

Le jour enfin vint déchirer les voiles
Qui dérobaient les objets à mes yeux,
Phébus parut, et soudain des étoiles
Je ne vis plus l'éclat briller aux cieux.
L'écho des monts, de l'oiseau des ténèbres
Ne redit plus ces trop lugubres cris,
La voix aussi cessa ces chants funèbres
Quand le soleil vint éclairer Paris.

Lorsque mes yeux revirent la lumière,
Je n'aperçus, hélas ! autour de moi
Que des débris recouverts de poussière
Qui me glacèrent d'épouvante et d'effroi.
Au triste aspect des tombeaux et des armes
Je m'inclinai pour implorer les cieux,
Le cœur gonflé, les yeux baignés de larmes,
En soupirant j'abandonnai ces lieux.

L'ALTÉRÉ.

Air : *Du chien du marchand d'éponges.*
JANVIER 1830.

Mon vieux, vous qui fût'grenadier,
Parlez-moi d'votre ancien métier,
J'suis curieux d'en savoir l'histoire.
— « Mon enfant, pour te fair' plaisir
J'veux ben satisfaire ton désir ;
  Mais j'ai l'gosier sec,
  Et l'eau m'vient au bec
Lorsque j'parle long-temps sans boire !..

Mon vieux, entrons dans c'cabaret,
De quelques m'sures d'vin clairet
J'veux vous rafraichir l'avaloire.
— « Mon enfant j'accepte d'bon cœur,
Pour moi l'vin n'est pas sans douceur,
  Là, j'pourrons au moins
  Parler sans témoins ;
Mais je n'puis long-temps parler sans boire.

Mon vieux, est-il vrai qu'à Fleurus
Les Prussiens étaient accourus
Pour donner l'bal au directoire ?
— « Mon enfant, de nos vieux chapeaux,

Que la gloire rendit si beaux,
    L'aspect leur fit peur
    Et leur glaça l'cœur;
Mais je n'puis long-temps parler sans boire.

Mon vieux, qu'est c'que c'était qu'les chouans ?
Chût,.. jeun' homm' il faut dir' les blancs ;
On solde aujourd'hui leur mémoire !..
Cette superbe légion
Pillait au nom d'la réligion,
    Criant viv' le roi
    Sans savoir pourquoi ;
Mais je n'puis long-temps parler sans boire.

Mon vieux, est-ce ben la vérité,
Qu'on s'battait pour la liberté ?
— « Jeun' homm' on voulut nous l'fair' croire,
Mais, morbleu, c'n'était pas là l'mot,
Celui qui l'dirait n'serait qu'un sot.
    D'la déesse j'croi
    Qu'on s'moquait ma foi ;
Mais je n'puis long-temps parler sans boire.

Mon vieux, est-il vrai qu'nos guerriers
Marchaient au combat sans souliers ?
— « Mon enfant, le fait est notoire !
Pieds nus, sans habits et sans pain,
Ils menaient la victoir' grand train ;
    L'étranger paya

Et les habilla ;
Mais je n'puis long-temps parler sans boire.

Mon vieux, est-ce ben vrai tout c'qu'on dit
De c't'homme que la r'nommée grandit ?
— Oui, oui, mon enfant, tu peux l'croire,
Jamais on n'en peut dir' assez,
Par lui dix rois furent rossés ;
 De c't'homm' plein d'valeur
 L'nom m'fait battr' l'cœur ;
Mais je n'puis long-temps parler sans boire.

Mon vieux, est-il vrai qu'un matin
A Naples, à Vienne, à Berlin
Vous fîtes trotter la victoire ?
— Mon enfant, rien ne résistait
Au Français lorsqu'il combattait.
 Sur tous les châteaux
 On vit nos drapeaux ;
Mais je n'puis long-temps parler sans boire.

Eh ! quoi, mon vieux, de toutes parts
On vit flotter vos étendarts !..
— « Oui, mon enfant, mais.... quel déboire,
Un jour, ô fatal contretemps,
Luttant contre les élémens,
 Nos brav's à chaqu' pas
 Rencontraient l'trépas ;
Mais je n'puis long-temps parler sans boire.

Mon vieux, est-il vrai que l'Français
Après vingt années de succès
Fut abandonné d'la victoire ?
— « Mon enfant ell' put nous trahir ;
Mais d'cela n'faut point t'ébahir.
  Ça n'pouvait vraiment
  Finir autrement ;
Mais je n'puis long-temps parler sans boire.

Mon vieux, mais j'croi qu'vous soupirez,
Dieu ! je n'me tromp' pas, vous pleurez !..
Nos r'vers vous chagrinent la mémoire !..
— « Souv'nir cruel et glorieux
Je n'puis t'exprimer qu'par les yeux.
  Adieu mon enfant,
  J'sens qu'mon cœur se fend ;
Je n'veux plus ni parler ni boire.

LA CHARTE OU L'OUBLI DU PASSÉ.

Air : *Du prince Eugène.*

Après vingt années de tempêtes,
De troubles et de factions,
Le soleil enfin sur nos têtes
Lance de bienfaisans rayons.
D'un nouveau but que chacun parte,

Oublions de sanglans excès,
Rallions-nous braves Français,
Autour du prince et de la charte.

Trop long-temps notre belle France
Fut la victime des pervers ;
Trop long-temps dura la souffrance
D'un peuple grand dans les revers.
Si du devoir l'homme s'écarte,
Au repentir donnons accès,
Rallions-nous, etc.

Si l'on en croit la malveillance
Un héros plein d'activité,
Mit à profit notre vaillance
Pour gagner l'immortalité !
N'oublions pas que Rome et Sparte
Auraient célébré ses succès.
Rallions-nous, etc.

Le passé fit couler nos larmes
Bannissons en le souvenir ;
Le présent calme nos alarmes
Et nous montre un doux avenir.
La liberté sur sa pancarte,
A fait graver mort aux procès !
Rallions-nous, braves Français,
Autour du prince et de la charte.

PARIS, IMPRIMERIE DE GAUTIER-LAGUIONIE,
Rue de Grenelle-Saint-Honoré, 55.

www.ingramcontent.com/pod-product-compliance
Lightning Source LLC
LaVergne TN
LVHW020954090426
835512LV00009B/1901